Pethau sy'n Digwydd
Siôn Tomos Owen

Cyhoeddiadau
barddas

© 2024 Siôn Tomos Owen / Cyhoeddiadau Barddas ©

Argraffiad cyntaf: 2024

ISBN: 978-1-911584-89-6

Cyhoeddwyd gyda chymorth ariannol Cyngor Llyfrau Cymru.

Cyhoeddwyd gan Gyhoeddiadau Barddas.

www.barddas.cymru

Dylunio a chysodi: Adran Ddylunio y Cyngor Llyfrau.
Y darluniau a'r clawr: Siôn Tomos Owen.
Argraffwyd gan Wasg Gomer.

Cyhoeddiadau
barddas

I Mali sy'n deffro â chân bob bore
ac i Eira a ddewisodd ddweud y gyfrol.

Cynnwys

Cyflwyniad 11

Dwy iaith, un llais 17
"NO DANCE MUSIC IN THE MAIN HALL" 19
Diolch, byt 22
Dianc 24
#Penpych #Rhondda 26
Pen y Fan 29
Mae'r wlad 'ma yn eiddo i ti a mi 31
IoNawr IoNewydd 33
Gogoniant ein camgymeriadau... 36
Mae ymgyrchu yn tyrchu trols 40
Mae gwên yn gwerthu llai na dagrau 43
Gwlad rydd... 44

Rhyfel Cartref 46

Noddfa 48

Lovely spread 50

Bwthyn ym Mlaenrhondda 52

Ffrwyth y ffal-di-ral-di-rei 54

A.A.A.A.A.H yng Nghymru 56

24 awr 57

A˙ i Gen Z 61

Ynddi hi/ynof fi 63

Ma' gormod o ocsigen yn cyrydu dur 64

Cysur y curiad cyson 68

Yr Wyddfa 70

2020 tu ôl ni 72

Sut mae mesur cariad? 76

Hebddo ti 81

Collnod 82

Happy Place 84

Cymer ofal 89

Coron-a gaeth 90

Nawr dwi'n deall llofruddiaeth 92

"It's not ok" 94

X sy'n marcio'r man lle fu'r trydar yn dirgrynu'r tir 96

Trysor plant llawr gwlad 98

Geirfa Wenhwyseg/tafodieithol 103

Cydnabyddiaethau 105

Diolchiadau 107

Cyflwyniad

Y gerdd gyntaf sgwennes i o'dd ar gyfer cystadleuaeth ym mhapur bro *Y Gloran*. Enilles i 57c mewn amlen frown yn Leo's, Porth, gyda thystysgrif – ond rhwyges i'r dystysgrif yn ddarnau achos doeddwn i ddim eisiau sefyll i gael tynnu fy llun gyda'r enillwyr eraill. Mae 'na hyd yn oed fideo wnaeth Dad ffilmio o'r digwyddiad lle mae Mam-gu'n gofyn i 'nhad, "What's he doing, Ade?" wrth i mi stryffaglu a chicio ryw ddawns i dduwiau'r bechgyn drwg cyn i Dad sibrwd, "I dunnow, Mam, I dunnow..."

Dwi ddim yn cofio testun y gerdd ond dyma ddechreuad eithaf roc-a-rôl i'm bywyd fel bardd, 'se'n i'n dweud. Ond efallai taw offrwm i dduwiau paganaidd barddonol o'dd wedi cael ei ddal ar fideo, achos ers hynny sgwennes (ac enilles) i'n aml – fel arfer drwy sgwennu cerddi am fy nheulu neu am natur, cyn troi, pan o'n i'n hŷn, at wleidyddiaeth ac iechyd meddwl. Ro'dd barddoni yn gatharsis i mi ym mwrlwm fy mywyd.

Am flynyddoedd daeth fy ngherddi allan yn Saesneg – cerddi am annhegwch gwleidyddol, bywyd yn y Cymoedd gyda *nods* at Rhydwen Williams, Owen Sheers a Lawrence Ferlinghetti. Byswn i'n rhuo at y llond llaw o bobol o'dd yn troi i fyny i'r nosweithiau barddoniaeth ym Mhontypridd, Merthyr ac Abertawe yn chwyslyd, llawn dicter ac yn ysu i gael fy llais wedi ei gyhoeddi ar bapur.

Ond dim ond hanner fy llais i o'dd yn cael ei glywed yn y cerddi Saesneg. Doeddwn i ddim yn teimlo fel 'mod i'n gallu sgwennu am y ffaith fod Mam-gu yn siarad y Wenhwyseg a Mam gydag acen gref ardal Dinorwig, ac felly'n methu â deall ei gilydd yn y Gymraeg. Doeddwn i chwaith ddim yn sgwennu 'mod i weithiau yn cael fy nhawelu gan bobol ddiarth am fod yn rŵd am siarad Cymraeg gyda 'nheulu o'u blaen nhw; neu am golli bwthyn fy modryb ar ôl iddi farw ac iddo gael ei roi ar y farchnad am hanner miliwn o bunnoedd ar ôl tynnu'r hanes o'r waliau; nac ychwaith sut mae'r Eisteddfod yn rhan annatod o blentyndod y Cymry Cymraeg. Efallai bod y geiriau i sgwennu'r cerddi yma gen i, ond doeddwn i ddim â'r gallu i wneud iddyn nhw ddeall yr ail lais yma.

Yna ar daith gyfnewid sgwenwyr i India yn 2017, y tro cyntaf yn fy mywyd i mi fynd am gyfnod mor hir heb siarad Cymraeg â rhywun, fe weles i fwnci yn dringo ar ben yr adeilad lle roeddwn i'n cael brecwast, ac am ryw reswm daeth yr awen i sgwennu'r gerdd honno yn y Gymraeg. Roedd yn rhaid i mi fynd hanner ffordd ar draws y byd i ailddarganfod fy llais barddonol Cymraeg a'r syndod mawr i mi o'dd ei fod e *mor* wahanol i'm llais Saesneg.

Dros y blynyddoedd ers 'ny mae'r rhan helaeth o'm gwaith wedi bod yn y Gymraeg a dwi wedi ffeindio cysur yn y ffaith fy mod i'n nabod fy hunan yn well o lawer yn y cerddi yma. Dwi ddim yn taflu fersiwn o'm hunan at gynulleidfa, yn chwarae rhan y *Valleys boy beat poet crac*. Dwi bellach yn sgwennu i fi fy hun ac wedi sylwi fy mod i'n gallu cynnig yr un syniadau, trafod yr un pynciau llosg a mwytho wyneb yr awen mewn ffordd fwy tyner a meddylgar. Fe alla i bwytho elfennau o'm bywyd fel tad yng Nghwm Rhondda, fel gwladgarwr angerddol ac fel rhywun sy'n dianc i'r coed pan mae'r iechyd meddwl yn curo ar ddrws pryder. Hefyd, mae rhai o'r cerddi yma wedi cael eu sgwennu i fy helpu i ymdopi â'r pethau sy'n digwydd yn fy mywyd, pethau dwi ddim wedi gallu eu lleisio ar lafar, ond rhywsut, dwi'n fwy cyfforddus yn eu rhoi mewn cerdd yn hytrach na'u trafod yn uchel.

Mae ambell gerdd yn y gyfrol am fod yn dad, felly dwi mor blês mai Eira, fy hynaf, ddewisodd y teitl, ac er nad ydi hi wedi darllen y cerddi (eto), fe ddewisodd deitl mor addas i'r gyfrol wrth ofyn, "Beth mae'r cerddi am?" Dechreues i roi esboniad hirfaith am y cynnwys – am fy angerdd tuag at y Rhondda; ei magu hi a'i chwaer mewn tŷ dwyieithog; teithio'r wlad a hanes Cymru; ffrindiau'n colli swyddi oherwydd gwleidyddiaeth gwlad arall; annibyniaeth a'r weriniaeth Gymreig; y traddodiad gwerin; deddf arfau yr Unol Dalaethiau; dyfodol y genhedlaeth ifanc... pynciau sy'n fy nghynhyrfu ac sy'n codi ofn arna i. Hefyd, sut mae 'nghwm yn fy ysbrydoli, sut fydda i'n pendroni dros y pethau bysen i'n eu gwneud dros fy nheulu ac sut mae'r cariad yma yn hala fi i lefydd annisgwyl yn ddyddiol (a sut fydda i'n ceisio cuddio hyn ond yn dal i ddangos y cariad). Edrychodd Eira i fyny o'r llun roedd hi wrthi'n ei liwio a chwmpasu'r gyfrol mewn tri gair: pethau sy'n digwydd.

Dwi ddim yn siŵr os yw'r cerddi yma wedi llifo, cwympo neu ffrwydro allan ohona i oherwydd fy mod i wedi aeddfedu, teithio mwy, dod yn dad neu eu bod yn datgelu

rhywbeth amdana i; ond un peth dwi'n sicr ohono
yw 'mod i'n barod i'w rhannu. Dwi'n rhywun sydd yn
hunanwerthuso'n hallt ac yn diflasu ar waith fy hunan
yn gyflym, ond mae rhai o'r cerddi yma wedi goroesi fy
nheithiau cyson i'r ddomen greadigol.

Clywes i stori am lwyth yn India unwaith a o'dd yn taflu eu
gwaith creadigol i mewn i'r Ganges bob blwyddyn er mwyn
sicrhau y byddai'r awen yn parhau i greu pethau gwreiddiol
eto yn y flwyddyn i ddod. Felly dyma fi'n taflu fy offrwm
barddonol i chi o lannau'r afon Rhondda yn Nhreorci gyda'r
ffydd y byddwch yn mwynhau'r cerddi a'r gobaith y bydd
mwy ar y gorwel.

Papur Bro Blaenau'r Rhondda Fawr

Y GLORAN

RHIFYN 59   MAWRTH/EBRILL 1989   15c

CYSTADLEUAETH GWYL DEWI Y GLORAN

YMFUDO I AWSTRALIA

Ar ddydd Gwener, 10 Mawrth, bydd y Parch NEIL JAYASURIYA, ei wraig EVANGELINE, a'u plant NILANTHI, 5 oed a NISHANTHI, 7 mis yn ymfudo i Awstralia ar ôl byw yn y Rhondda am 13 mlynedd.

Ganwyd y Parch Neil yn Sri Lanka yn 1946 yn un o 14 o blant, 7 bachgen a 7 merch. Magwyd ef ar aelwyd grefyddol ac roedd ei rieni yn benderfynol o addysgu'r plant mewn ysgolion Cristnogol, nes i'r ysgolion i gyd droi yn ysgolion y wladwriaeth yn 1960.

Teimlodd y Parch Neil ei fod wedi cael ei alw i'r Weinidogaeth Cristnogol, a gadawodd Sri Lanka yn 21 oed. Penderfynodd ei frawd Ranjit, a oedd yn byw yn Llundain ar y pryd, y basai Neil yn cael gwell hyfforddiant i'r weinidogaeth ym Mhrydain, ac felly daeth i Lundain. Ar ôl 15 mis, symudodd i Gaerdydd i Goleg y Bedyddwyr yn 1969, a bu yno am 5 mlynedd. Yn ystod ei fis olaf yn y coleg, cafodd alwad i ymuno ag Eglwysi Bedyddwyr y Rhondda. Ar ôl llawer o weddio ac ystyried, penderfynodd yn 1974 i wrthod yr alwad, ac aeth i weithio fel clerc yn siop owells, Caerdydd am 15 mis. Yn 1976 cafodd wahoddiad eto i ddod i wasanaethu

Dwy iaith, un llais

ar ôl Wenglish

Dwi'n fardd o fratiaith dan yr amod
nad ydw i'n fardd Cymraeg.
Mae'n anodd sgwennu gyda 'nhafod
tra bo Saesneg dan 'y nhraed.

Gan 'mod i'n talko *English*
fel Tad-cu ond nid fel Taid,
o'n i'n dwli waxo'n *Wenglish*
wrth i 'thrawon weiddi "PAID!"

Ond roedd Mam-gu yn dweud "danjerus",
byth yn becso am iaith graidd
y Wenhwyseg ger Llyn Peris,
cymhariaeth acen yn ddi-baid.

Gweld Nain yn dysgu ar lechen
er bo' ei *English* fwy fel llaid
o'i gymharu â'r Cymoedd "bechen"
o'dd yn troi'r bryniau'n Saesneg, braidd.

A 'da *Welsh schools few and far between*
o'dd dealltwriaeth Dad yn frau,
tra 'da Mam 'na iaith tŷ ni,
Cymraeg o'dd bob un gair –

er ga'th ei churo yn *girls' grammar*
gan achosi andros o ffrae,
"English is the hammer
and Welsh, the nail," mwy neu lai.

Ond hoelion sy'n cadw siâp,
fframwaith yw i rai,
nid rhywbeth i gadw dan gap
i bwyntio bys a ffeindio bai.

Yng nghôl brwydr mae'r iaith yn ffynnu,
dwi'n siarad *English* a Chymraeg,
ac yn browd i allu neud 'ny,
er fydda i fyth yn ysgolhaig –

nac yn serennu yn y maes,
ond yn fy marn i mae'n rhaid
cael dwy iaith ond un llais
i glywed rhuo'r ddraig.

"NO DANCE MUSIC IN THE MAIN HALL"

ar ôl Ton & Pentre Labour & Progressive Club, 2001–2003

Yng nghrombil atgofion fy arddegau
ar bigau'r drain i fwynhau nos Wener,
gyda llai na thenner yn fy mhoced
i ddal trên lawr y cwm,
y Lynx Africa'n swmpus yn y cerbyd,
y posibiliadau enbyd,
jîns digon tyn i frifo
ac yn dal i ddysgu'r gwahaniaeth
rhwng Goth ac Emo.

Yr un poster bob tro:
"Friday Night band showcase
£3 entrance
NO DANCE MUSIC IN THE MAIN HALL!"
mewn llythrennau bras
o dan y *disco ball*
ym mol y fuwch
uwch ben y Labour Club.

Camau ysgafn trwy ddrysau trymion,
hon o'dd y ddefod heb dafod,
dim trafod wrth y *lounge bar*
i wahanu'r genhedlaeth
gyda grisiau,
a'r prisiau wedi eu pegio.

Gwyn llachar yn erbyn y du
ar yr unig wal heb *anaglypta*,
a'r *barmaid* 'da tatŵ o'i chariad presennol
ar y fraich o'dd yn tynnu'r peints,
neu'n taflu chi mas.

Grwpiau glasoed,
wynebau gwyn llachar
dan wallt du,
a'r rheini lawr stâr
yn syllu'n syn ar dyllau mewn clustiau
yn fwy na'u cegau agored.
Fel pysgod
yn ein môr o gerddoriaeth,
yn aros am y llanw stormus
ddaw o'r *drum kit*,
mellt yn ein traed,
yn taranu ym mhob *mosh pit*.
Bob yn ail *weekend*
wela i'r boi o'r Chweched
yn troi mewn i ddyn,
yn rhedeg ei fysedd
dros gyllell o gitâr
a chrafu riff anniben mewn i 'mhen
â bwyell o fas,
yn dirgrynu 'nghalon yn llythrennol
gan bo' 'i Marshall Stack yn fyddarol –
tinitus yn uno pawb,
fel y stamp ar gefn llaw
sydd dal yna'r bore wedyn,
yn brawf o' chi yna.

Ac er bod y canu wastad yn Yoko,
y jôc o'dd bo' band yn gallu ffurfio ar nos Iau
ac agor y noson wedyn,
a'r hedyn o obaith
bod taith yn bosib
(neu ail gìg, o leia).

Y llen felfed goch
yn cael ei thynnu i'r ochr
a rhochian llais Nu Metal
yn dechrau sgrechian i'r mic
a'r ffeit anochel ddaw cyn
i Freddie a'i rapsodi
roi'r ffidil yn y *sound system*,
mayhem bach diniwed ar ddiwedd y noson
yn troi'r golau mlaen,
yn wyn llachar ar ôl y du,
i ddanfon pawb sha thre
ar bererindod i ffeindio car Mam a Dad,
cebáb neu grwydro tan yr hwyr,
yn deall fydden ni'n fyddar tan fory
heb wybod eto taw hiraeth
o'dd yn canu yn ein clustiau.

Diolch, byt
i fy bytis

Ni'n nabod ein gilydd mor dda erbyn hyn
bo' ni'n pigo lan sgwrs
ar ei hanner ers misoedd
'da'n bysedd tew yn WhatsAppio
(er bo' un o' chi'n dal i decsto),
ond sdim pwynt ceisio gweithio mas
pam y'n ni mor gas yn bychanu ein mamau.
Sdim malais jest ... pam lai?
Ac alla i'm esbonio pam mae e'n ddoniol,
ond dyna'n perthynas,
naill ai'n rhannu problemau neu'n chwarae dwli,
yn baglu ein gilydd i'r mwd lawr y gwli.
A dwi'n cytuno,
ni fel plant weithiau,
ond ni'n ffrindiau
oherwydd y pethau bychain.
A dwi'n gwybod fod e'n straen
ceisio cadw mewn cysylltiad,
ond weithiau ni'n deall ein gilydd
hyd yn oed mewn tawelwch.
Yn gefn ac yn glust,
yn dyst i'n hatgofion –
hoelion yn fframwaith ffrindiau gorau.
Ac er y'n ni'n ffili dweud e dros beint go iawn,
a dyw e jest ddim 'run peth dros Zoom neu iChat,
dwi'n teimlo hwn o waelod fy nghalon.
Ti'n ffrind go iawn – so diolch, byt.

Dianc

Mae'r trên yn ffordd o ddianc,
ond mae'n dibynnu
os y'ch chi moyn mynd
yn syth
neu
yn sydyn.

Roedd pendroni
dros yr amserlenni newydd
yn ddiweddar
pan stopiodd y trên ddwywaith,
er i'r stesion gau
ddwy flynedd yn ôl.

#Penpych #Rhondda

Dwi'n deall pam bo' rhai yn stopio'r ochr arall
yn arhosfan Hen Dre'r Mynydd ac Ystradffernol
ar fynydd y Rhigos,
i fwynhau y Bannau o bell i ffwrdd
a chanu clod pob copa,
cyn dyfalu eu camau Fitbit Pen y Fan –
er, so nhw'n ishte man'yn am y *vista* yn unig
ond am bo'r fan hufen iâ yn cynnig dishgled
wrth iddyn nhw ddishgwl a sipian yn eu Subarus,
ar ddwrnod clir, bob hanner awr,
i glywed y Zip Wifrwyr yn sgrechian dros Lyn Fawr.

Ond ger amddiffynfa fynyddig Craig y Llyn
mae cefn cyhyrog y bryniau'n gaer o greithiau du
a chwymp cochfelyn sydyn o Ben-pych,
y cwymp lle codwyd ei henw
wrth i gadfridog Rhufeinig wthio ych y werin
dros ei hochrau,
dagrau gwyn yn disgyn lawr eu bochau.

Bellach, Nant yr Ychen sydd yma i'n hatgoffa,
a nant Berw Wion sy'n llawcio'r llif yn ei hanterth,
yn uno Nant Selsig â Nant y Gwair
yng nghesail Blaen-cwm,
a'i golau llwm gaeafol
yn gysgod dros yr Hendrewen fel carthen,
nes i Chwefror chwincio'i lygaid dros Gwm Lluest.

Daw'r dŵr i lawr, ond dringwch
i fyny'r tyle tua'i rhaeadr,
ei chawod wlybgreigiog
yn pefrio ar binwydd bytholwyrdd
(o Ganada ganol y ganrif ddwetha),
i fyny heibio'i llethrau hynafol,
i ishte ar ei gorsedd ogoneddus,
i gyfarch fy nghwm,
cwm fy nghyndeidiau,
cwm fy nghalon,
a'r heulwen, o'r diwedd,
yn wmwlch y tai teras mewn goleuni
o'r Bwlch i Bwllfa,
o Benyrenglyn i Gwm Saerbren,
Tyle-coch i Ty'n-tyle,
Nant Melyn i Nant y Gwyddon.

Ac fe wyddon ni,
ar lawr y Rhondda Fawr,
taw Pen-pych
yw'r lle gorau
i gael hoe fach,
i droi yn ôl rhyw gam,
ac i wenu
ar y clogwyn mwya poblogaidd
rownd ffordd hyn
i dynnu hunlun Instagram.

Pen y Fan

ar ôl yr achosion tocynnau parcio ar Wŷl y Banc

Pen
y Fan,
llwyfan am
b e r e r i n d o d.
Defaid mewn Gore-Tex
yn cribo'r copa 'da
3G a mapiau Google,
ciwio am hunlun yn y niwl
gan obeithio am synfyfyrdod
dros hanes a golygfeydd Brycheiniog.
Perffeithwch garw â'i beryglon
os na ddatodwyd o'r prif lwybr.
Gŵyl Banc hyd 'rei-ffor-se'nty
gan drafod twristiaeth,
te oer a chŵn poeth,
tocyn parcio,
natur a'u
*bucket
lists.*

Mae'r wlad 'ma yn eiddo i ti a mi

ar ôl cwrdd â Macaque ar ben to yn Varanasi, India

Co' fi ar falconi Varanasi.
Cyfri silloedd dan lygaid mwncïod –
od eu gweld yn llu fel colomennod.
Fel Macaque mewn dinas – dwi'n addasu.
Heb ei ddychryn, dwi'n estyn am fy ffôn
i geisio dal ei ddelwedd ddigidol,
gyda'r ddau ohonon ni'n bresennol.
Ond co' fi'n camddeall y foment hon,
anifail bach yn syllu ar ben to,
heb iaith – Bengali, Saesneg na Chymraeg.
Fi yw'r un diarth, does dim clem ganddo
o'r hanes lu sy'n mwydro dan ei draed.
      Lygaid yn llygaid, cawsom drafodaeth
      cyn i un ffoi a'r llall fynd ar ei daith.

1. Dyfellorliau, cal Mali, gysgu trwr nôs
2. Gorffen cyfres podcast
3. Mynd a gwyrdaith ddiwbyniceth
4. Gorffen squmme llyfr rhif 1
5. Daruniadau llyfr Blaf 2 & 3.
6. Mwy o ... canu a Caneuon Cymraeg.
   ... cywbu
   ... s ar ôl codi.
9. ... u o 4.
10. Ailw... ...lun merched.
11. Gorffen ...
12. Sgytrn...
13. ...
14. ... Phean...
15. Hanner Marathon / treul 10 Milltir
16. ... en gitar ...iter nu

ADEILADUR BLYDI SI

IoNawr IoNewydd

Sut mae dathlu diwedd blwyddyn a dechrau un arall?
Beth yw'r wers sydd i'w dysgu
wrth ynysu'r eiliadau penodol
i ysu am ddyfodol gobeithiol
ym mhresennol y canol nos
pan ddaw'r tic ola'
toc ddiwedd Rhagfyr?

Pan ddown ni at ddechreuad newydd, nefol
y cylch lleuad – bob 29.5 dwrnod?
Pan mae ein planed bitw'n troelli rownd yr haul,
mewn cysawd bach
o fewn bydysawd sy'n fwy
na all ein mesuriadau mathemategol gyfri?

Nace,
trwy addewidion.
Y planhigion tŷ o obeithion dyn,
llawn gobaith i ddechrau
cyn blino a throi'n llipa,
syllu arnoch o bell
tra bo' chi'n mwydro
am beth allech chi ei wneud yn well?

Blwyddyn newydd,
fi newydd.
Sgwennu rhestr mewn trefnydd newydd.
Urddas y rhif olynol
yn *embossed* ar flaen y clawr,

fel tatŵ dros dro y dyfodol
fydd yn diflanu ymhen 365 dwrnod.
Arogl ffres y gwaglefydd sy'n aros i gael eu llenwi,
clywed crac cadarnhaol mis Ionawr yn agor,
a co'r cychwyn cyntaf i restrau
beth sy'n *rhaid* ei wneud ...

Felly, dwi angen:
adeiladu shed,
adeiladu perthynas well 'da theulu pell,
adeiladu silffoedd yn y cwtch,
adeiladu'r wal yn y cwtch lle fydd y silffoedd yn hongian,
adeiladu cyhyrau mwy, fel yn y llun ohona i
ar wyliau ddeng mlynedd yn ôl,
cyn magu bol,
cyn magu dyled,
cyn magu plant,
pan o'dd rhamant dal yn fyw,
pan o'dd lliw dal yn fy llygaid,
pan o'dd fy nhalcen heb grych,
pan o'dd y drych yn dangos breuddwydion i ddod
nid atgofion o amser a fu.
Cyn i orymdaith ddi-baid amser
rwymo marwoldeb dynol i'm hagwedd at fywyd
a 'ngorfodi i ailystyried creu rhestr
fydd yn fy hyrddio allan i anialdir myfyrdod a
    phendroni nihilaidd,
yn crwydro o un mis i'r llall,
yn gaddo 'na i wneud dechreuad ohoni
wrth i brysurdeb ein cynlluniau benbaladr

lenwi'r calendr,
ond cyn troi rownd,
o nos Sul daw dydd Llun,
dwi flwyddyn yn hŷn,
mae'r tennyn yn dynnach.
mae'r dyddiau yn fyrrach,
ac mae'r byd yn llosgi ei ffordd i mewn i'r flwyddyn
    nesaf yn barod.

Ond so'r beiro 'ma'n gweithio
felly 'na i ddechreuad newydd arall ...
fory.

Gogoniant ein camgymeriadau

ar ôl y bleidlais Brexit

Dyma rant am y 52%.
Dwi'n mynnu bo' hynny
yn cynnu'r fflam dan eich pen-ôl
i chi fynd 'nôl
i'r gorffennol
i gofio ein hanes.
Mynd 'nôl i'r gorffennol,
fel gall y dyfodol
gymryd mantais
bo' dim byd gwaeth
na ffuglen a ffaith
yn cyfuno yn llaethog
fel pisio mewn gwaed.

Maen nhw'n malu cachu,
yn pydru ac yn dallu
y llygaid sy'n pallu
gweld heibio eu pocedi,
sy'n lledu
ac wedi hollti cymunedau fel llechi,
ac wedi anghofio bo' ni'n etifeddu
y gwely wnaeth y mwyafrif faeddu,
y lliain coch, y gwyn a'r cas
sy'n hedfan tu fas i bob adeilad swyddogol,
a phob balconi yn Benidorm
(heb eironi),

yn dadmer y sêr
o'dd unwaith yn gylchoedd cyflawn
uwch ben y glas,

ond gyda phleidlais
sydd bellach yn sillafu NA
mewn geiriau bras
ar hyd arfordir de Lloegr,
i bob cwch bach a llong,
a phob acen yng Ngogledd Iwerddon
sy'n cynnu matsien
i aildanio tudalennau hanes
o'dd wedi'u diffodd am y tro.

Ond pwy sy'n croesi eu bysedd
yn brysur – yn rhoi negeseuon ar fysys?!
Yn credu bo' celwydd yn cludo'r cywilydd
i ffwrdd o drigolion sy'n byw gyda'i gilydd,
yn beio estroniaid,
neu ffoaduriaid
sydd wedi dianc o'r dŵr,
tra bo' nhw'n
bygythio o ben ucha'r tŵr eifori
i greu deialog o "ni a nhw",
chwythu mwg i dynnu sylw,

bara a menyn dylunwyr y naratif
o uffern ar y ddaear
os ddaw unrhyw un draw o'r Cyfandir
i feiddio byw yma,
heb sôn am eu taith faith,
ma' rhai 'di'i gwneud

trwy dywydd garw,
i gadw eu plant yn saff,
o dan tarp,
ar gefn lorri,
mewn dagrau,
dros ffiniau,
yn byw ar eu pengliniau,
yn baglu dros gyrff i fagu teulu
yn bell o fellt a tharanau taflegrau,
yn cael eu herlid dros fywyd bob dydd
i fod yn rhydd ...?

Ond lluniau o "elyn" sy'n "ymosod ar lannau"
yw'r ddelwedd ar flaen y papurau,
nid pobol, ond gweithwyr "heb sgiliau",
yn hŷn neu'n iau neu'n fabanod,
yn ddiflewyn-ar-dafod
maen nhw'n dangos eu dannedd
i gnoi cnawd yr hiliaeth
sydd yn cuddio ym mhob "Beth os ...?"
A'r ffaith yw, sdim ots pwy ddaw,
"baw ydynt!"
Ddigwyddith eto fel y digwyddodd gynt,

daw'r diniwed yn destun digymod
sy'n gaeth i orffennol o gasineb,
ymerodraeth sy'n dderwen o ddicter,
sy'n dal i fagu ffrwyth ym mhresennol Prydain.

Fe ddown nhw ar adain obaith i'r glannau yma
i ffeindio ffordd well o fyw,
ond ddim tecach,
bywyd o fygwth yw'r haenen galetach,
a chasineb y croeso
cyn agosed â'r cerflun yn y parc
o ddyn a'i gleddyf a'i faner
yn brolio am ei lewyrch,
tra'n clodfori'r caethweisio
a'i cododd i uchelfannau ei lwyddiant
ar ynys fach ych a fi o ynysig,
yn ysu i ailgydio yn yr oes a fu
yn lle tyfu, i gamu allan o gysgod
gogoniant etifeddiaeth ein camgymeriadau.

Mae ymgyrchu yn tyrchu trols

Dyma ni'n denu sylw
i'r cyfieithu sy'n saethu
dros bennau gyrwyr crac
ar hysbysfwrdd yr M4,
yn ymddiheuro nad oes neb
yn y swyddfa ar hyn o bryd
wrth i "Reduce your speed"
fflachio oddi tano.

Peth bach,
ond sdim balchder yn hyn,
er mae'n cydio'n araf
rownd gwddwg cenhedlaeth.
Heb Google – heb iaith.
Dim synnwyr? *See* "Saes",
a does dim rhaid darllen *it twice*.

Ffaith anodd i'w llyncu
ond so'r cil yma'n cael ei gnoi
gan unrhyw un o bwys.
Does dim ateb cain
na sylw dwys i'w ddweud gan
@Bulldogboi1066 i @apGwallterMechain
am ddau y bore ar blatfform
sy'n araf bydru.

Mae'r borfa iaith yn cael ei phorri
ar faes y gad ddigidol
gan offeiriaid ar-lein,
yn barnu pawb o'u blychau bach,
yn cyhuddo'r naill neu'r llall,
nid am wall sillafu
ond am naddu gwaywffon rithiol
yn barod i'w thaflu.
Pam 'dan ni'n gwastraffu
gymaint o'n hamser
yn brwydro yn erbyn bob @?
Rhaid dewis ein dadl.

Mae ymgyrchu yn tyrchu trols,
a siŵr bo' ni fel cenedl 'di cael llond bol
o frwydro dros ein hawl i siarad?
A'r gwir yw –
mae pob twît dyddiau 'ma yn hallt
ac naill ai
yn hiliol,
yn benboeth,
neu 'di ei sgwennu gan dw@.

Mae gwên yn gwerthu llai na dagrau

Clic bach heddi, sgrôl drwy'r budreddi,
pennawd yn benthyg o'r grotésg.
Cyhuddiad ffug, asgwrn heb gig
wedi hacio o ryw decst.

Yn bygwth pawb, ffuglen yw'n ffawd,
eu celwydd nhw sy'n canolbwyntio.
Aberthu sylwedd i werthu'r ddelwedd,
pob bawd yn barod i bwyntio.

Y byd yn ein poced, yn rhoi sylw i'r salw,
i dderbyn bob ffaith at *face value.*
Yn darllen y drwg i selio barn i ddadlau.
Mae gwên yn gwerthu llai na dagrau.

Gall cyllell finiog drywanu a brifo,
ond ma' trydar bach yn fwy effeithiol.
Ton yw'r *algorithm* sy'n ffrydio'n llyfn,
ond llif y casineb sy'n diffeithio.

Sut mae brwydro y rhai sy'n berchen
ar y pelydrau sy'n nafu'n wael?
Busnes budr sy'n troi'r chwyddwydr
ar y morgrug yn yr haul.

Cliriwch y carthbwll tanysgrifiol,
sdim *rhaid* i chi wylio'r dienyddio digidol,
wrth wylio'r byd heb newyddion, falle
wnewch chi sylwi bo' gwên werth llawer mwy na dagrau.

Gwlad rydd

Gwlad rydd,
wedi ei dwgyd gan fwg mwsged,
yna'n haid o gowbois â'u Colt 45,
yn llawenhau yn y llofruddiaeth,
iaith newydd eu tynged dreisiol,
lle mae amddiffyn eu hawliau crai
yn bwysicach na maddau –
ac mae'n OK i brynu AK 47 mewn 7/11
i ychwanegu at yr ystadegau,

y degau ar ddegau
a'r cannoedd ar gannoedd
a'r miloedd ar filoedd, bob blwyddyn,
sy'n rhedeg mewn ofn
ac yn chwilio am ffordd i ddianc
cyn cilio i byllau gwaed eu ffrindiau,

sy'n rhewi mewn oes o neoryddfrydiaeth,
mewn i rif
ar waelod *print-out* yn nwylo
pentwr o wleidyddion
sy'n amddiffyn yr arf
ac yn gwrthod y galar,
sy'n ddiffuant o flaen dagrau rhiant,
ond yn ddig gyda'r digalonni,
a'r honiadau bo' gormod yn cael ei ddweud
a dim digon yn cael ei wneud,
bo' plant mewn arch ddim yn haeddu
heddwch yn eu dosbarthiadau,

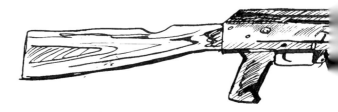

ac yn lle hadau fydd yn tyfu
ac yn ffynnu yn ffrwythlon,
daw dyn i'r berllan
â darn o haearn.

Mwydod mewn afalau
ar ddesg y senedd,
sy'n agor eu cegau i frathu
gyda'i gilydd,
cyn sylwi ar y twll drwy ganol cnawd cenhedlaeth –
ond yna, yn ddiymhongar,
heb gywilydd,
yn ailadrodd sgript maen nhw'n cofio ar lafar,
a'u dyrnau yn dynn rownd y cadw-mi-gei
sy'n dilyn cyfarwyddiadau yr NRA,
wrth syllu mewn i'r camerâu,
eu llygaid 'di cau,
maen nhw'n gweithredu
i blethu'r gwn i mewn i'w gweddi.

Ac wrth i ddagrau cenedlaethol
wlychu gwreiddiau'r freuddwyd Americanaidd,
daw'r ddamcaniaeth ffiaidd,
sy'n trywanu cydwybod eu cenedl
fel bwledi trwy fag ysgol,
taw nid gwn sy'n lladd ond pobol –
sydd yn hollol,
hollol
wir.

Rhyfel Cartref

Daw
awel
wahanol
i lyncu llwch
i mewn i flwch post
sydd heb weld golau dydd
ers y dwrnod ffarweliodd.

Nawr,
dacw
fe'n dod 'nôl,
yr enaid byw,
ei lygaid gloyw
wedi llwydo'i wên wan
a   diffodd   ei   oleuni.

A
hithau'n
ishte'n fud,
ac yn dishgwl,
cadw'r addewid
i ddod â'i frawd yn ôl
o wlad lle nad o'dd yn perthyn.

Pawb,
ond un,
'di   aros
i'w groesawu,
ond yn deall dim
am ddwyster dychwelyd
a   chreulondeb   goroesi.

Un
efaill
yn erfyn,
y sefyllfa
anodda i'w deall –
hunanfeirniadaeth y baich.

Cell
sy'n rhwydd
i'w   hagor,
sy'n caethiwo
y ddau ohonynt –
drws sy'n agor dwy ffordd,
ond 'di cau am byth i un.

Noddfa

*llosgwyd capel Noddfa, Treorci i lawr gan fandaliaid yn 1986 ac
adeiladwyd cartref henoed yn ei le*

Mae ei dannedd yn cnoi dim
mewn ceg â gwên wen,
a chrynu yn y gofyn:
"Wyt ti'n dal i ganu?"

Sylfaen ei diniweidrwydd newydd
yn cuddio ym mrychni boche ei hŵyr
sy'n fud styfnig ei arddegau,
a thlysni unawd yn orchwyl pell o'i wefus,
ond y disgwyl yn y cwestiwn
sy'n hongian fel mwclis ei fam-gu,
wrth iddi chwilio am wynebau,
am gnewyllyn o obaith
i weld y cyfarwydd yma eto,
ei ffydd ynghlwm i'w chapel
sydd nawr yn ei chaethiwo.

Heb ddim ond cricymalau ei chof,
a salm
uwch ben y drws
i ddynodi distawrwydd bore Sul,
cyn y gymanfa,
i godi'r to cyn i'r fflamau lyfu.

Does dim organ bellach,
dim ond morfilgan salwch
yn atsain lle o'dd y festri,
cyn crwydro'r coridorau magnolia
gydag 'amen' wan.

"Hawdd dweud,
anodd gwneud,"
mae'n sibrwd bellach,
yn gyndyn
o'i sedd yng nghornel ei hatgofion,
a ffawd ei chrefydd yn ei chadw yma
cyn ffarwelio.

Lovely spread

Saf yng nghornel y festri
fel llwydni calch,
a fy mhapur wal yn plicio
i mewn i'r siwt Marks & Spencers.

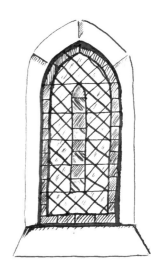

Cym' lymiad o ddishgled deche,
(yn y *china* da)
a gollwng y ddwy ffon goctêl
a'r hanner crystyn
dwi 'di dal ers meitin
ar y soser llond drips bach brown.

Daw menyw
sa i'n nabod draw
ei chot yn wal o ddyffl du
a'i cholur fel graffiti,
yn mynnu ei bod hi'n nabod fi
ers o'n i cyn daled â'i chlun.

Roedd hi a Bopa
"fel hyn" meddai,
gan groesi ei bysedd cricymalog, gorfodrwyog,
cyn adrodd stori hir
am amser maith yn ôl,
er bo' Bopa'n rhyw ôl-nodyn
yn ei hanes hi.

Fydda i byth yn deall
pam bo' rhai yn ysu cydnabod y meirw
a gwisgo'r berthynas fel bathodyn
parti pen-blwydd
yn angladd y person hwnnw.

Dwi'n gofyn "Dad,
Pwy yw hi?"
Mae'n cadarnhau beth o'n i'n dishgwl
wrth iddi adael â hances llawn
brechdanau ham, ciwbs bach caws
a *prawn Vol-au-vents*.

Ond byse Bopa'n falch, dwi'n siŵr,
bod pobol ddiarth, unig wedi mwynhau
y *lovely spread*.

Bwthyn ym Mlaenrhondda

ar ôl cerddi Idris Davies

Mewn bwthyn ym Mlaenrhondda
fe gest ti dy enedigaeth lom,
ar liain yn y gwely
drwy law trwm y storom.

Roedd dy drwyn di'n rhedeg
yn fwy na'r tamprwydd ar y wal,
a dy draed noeth yn carlamu
yng nghynt na'r dagrau a'r mwmial.

Ond roeddet ti'n un styfnig,
yn dysgu heb gwtch na sws,
a dianc pan gest ti'r cyfle
heb da-bo wrth gau y drws.

Mewn bwthyn ym Mlaenrhondda
arhosodd dy fam wrth y ffôn
yn mwytho ffrâm dy wyneb
a ddaliodd hi yn ei chôl.

Ffeindiaist ti y ddinas
a gwingo ger ei dyfroedd,
a theimlaist ei thywyllwch
yn waeth na chysgod y mynyddoedd.

Ond mae gwreiddiau weithiau'n tynnu
ac yn llacio mwynder y pridd,
ac mae ambell adain estron
yn colli eu ffordd a'u ffydd.

Ac er bob talcen caled
sydd dal yn mynnu mwythau,
roedd pob craith a chamgymeriad,
ar un adeg, angen pwythau.

Nawr fe weli'r pentre'n sefyll
o dan gysgod trwm Pen-pych,
a'r bwthyn ym Mlaenrhondda
gaiff ei weld drwy lygaid sych.

Nawr dyma bwysau'r drws 'di bolltio,
un na theimlaist ti erioed,
yn gadael teilchion dy ddifaru
'di difetha dan dy droed.

Ffrwyth y ffal-di-ral-di-rei

ar ôl DM gan Gwilym Bowen Rhys gyda dolen i gyfweliadau a
chaneuon gan lowyr wedi eu recordio gan Alan Lomax yng
Nghlwb y Glowyr, Treorci yn 1953

Mae ffrwyth y ffal-di-ral-di-rei
ar wefusau'r werin bobol,
y genhedlaeth hon
yn flas anghyfarwydd,
nid ar dafod neu ddefod
ond yn atgofion eu cynefin,
mewn hen dafarn neu ar gomin,
yn plethu rhigwm hen daid
rownd polyn yn yr haul,
dawns a naid
dros hances mewn sgidie pren,
Mam-gu yn cadw curiad
o dan garthen o'r Wenhwyseg,
patrymau iaith
yn cyfri sillafau perffaith
a chadw'r daith drwy'r oes a fu yn fyw.

Yn rhwymo hanesion lleol i'n cymunedau
drwy wireddu'r gorffennol
dan ein traed, fel cerrig llorio
wedi eu hailadeiladu
mewn aceri o amgueddfa,
ganllath o ddrysau'r dyfodol,
sy'n gweld rhai yn rhoi'r ffidil yn nho y cofio,

am ganu cân wrth
fynd i forio,
mynd i'r farchnad,
mynd i hela,
a cholli cariad –
i'r bonheddwr,
i'r dŵr
neu i lawr yn y berllan
lle mae ffrwyth y ffal-di-ral-di-rei
yn disgyn
i'r genhedlaeth nesaf.

Adroddiad Adolygiad Annibynnol Addysg ac Hyfforddiant yng Nghymru:
neu
A.A.A.A.A.H yng Nghymru

Co' ffoaduriaid y dosbarthiadau
yn crwydro yn ddiamod rhwng pob gwers,
yn llithro drwy'r rhwyd â chof pysgod aur,
cegau agored heb air o Gymraeg ers
dechrau Blwyddyn 7 (amser maith yn ôl),
a rhai yn euog o beidio ceisio
nofio lan rhaeadrau, ffrwd o leisio
brwydrau byrion eu haddysg sylfaenol.
Does dim ots, honna'r Bae, y rhain yw'r rhai
geith eu talfyrru a'u hadio fel tabs
gan ddynodi ffordd o godi gobaith
dyfodol cenhedlaeth y "poor dabs".
        Mae gan sgolion 'stategau i'w mwytho,
        ond mae silffoedd dal angen eu llwytho.

24 awr

ar ôl honiadau naïf Molly Mae

Mae 'na swyddi
sydd yn rhwydd i'w disgrifio,
gweithio 9 tan 5,
fel mae Dolly'n ei ddweud.
Ond,
os ych chi'n holi rhai
cewch ateb amgenach,
un hirach
na chyfieithiad ar ffurflen dreth.

Ar bapur,
yn gweithio 0 awr yr wythnos,
ar lafar
yn gweithio 15 awr y dwrnod,
ar eu gliniau
yn gweithio mwy nac un swydd,
yn morio oriau i'w cyflogwyr
(ond rhaid cofio bo'r dwrnodau sâl yn ddi-dâl)
yn enwedig os ych chi'n hunangyflogedig –
a pheidwch â siarad am salwch meddwl
oni bai bo' chi'n "spynjo"
(sy'n hawdd i'w neud, yn ôl y sôn),
ond yn anoddach pan ych chi'n gorfod ffonio'r dôl
i siarad â rhywun sydd heb awch i ddeall
eich trafferthion o ddydd i ddydd,
(ond i fod yn deg,
dim ond swydd yw hwn iddyn nhw ...)

Achos y peth yw,
so'r byd gwaith cyfoes
yn llinell syth –
mae'n gwlwm cydol oes
sydd ddim yn llacio.
Does dim datod,
mae'n rhan annatod o'r daith
sydd braidd byth yn berffaith,
byth yn gamau rhwydd.

TGAU – Lefel A – prifysgol – swydd ar y cais cyntaf
sy'n talu digon am fywyd braf a morgais,
fel camau *hop-scotch* ar bafin
tu fas i'ch cartref cyntaf.

Achos sdim gwersi i'ch paratoi chi
i gnocio ar ddrysau digidol
a threulio oriau ar y ffôn,
a so llenwi manylion
yn ddigon, bellach,
rhaid dysgu rhifau hirfaith,
pob côd
a phob cyfrinair
cyn logio mlaen
i'r *online portal* ar amser penodol,
rhestr o bob cais wedi ei wneud yn y gorffennol,
eich *step by step plan* am y dyfodol
sy'n orfodol,

ac os nad yw hynny oll yn ddigonol,
mae'n rhaid bo' rhywbeth yn rong gyda chi.
"If you're taking this long to get a job, well ..."

Er,

heb gyfrifiadur,
heb y we,
heb ffôn â 5G,
heb nunlle
i fyw tra bo' chi'n aros
am eich dyddiad
i glywed pryd gewch chi apwyntiad
i drafod symud mlaen,
heb sôn am gyfweliad
neu'ch "5 minutes of fame".

Mae'r gêm yn *rigged*.
Mae'n 'chydig bach yn anoddach i rai,
ond rhaid cofio
bo' gan bawb
24 awr mewn dwrnod
i geisio am fywyd gwell, does ...?

A* i Gen Z

Sut mae hwyluso straen eu harddegau
tra'n cnoi cil ar frechdanau eu haddysg?
Tynnwyd llencyndod o'u hamgylch fel plisg,
unigrwydd a bwrlwm fel drws yn cau
ar blentyndod, cyn eu cicio i fyw
bywydau mewn cyrff estron, datblygol.
Pob newid yn benbleth fiolegol,
gwanc yr emosiwn a thyfiant a rhyw!
Technoleg fel chwyn yn tyfu drostynt
heb siawns i ddehongli cnwd na chynnyrch
bysedd bach brwnt yn bodio'u cyrch,
yn aros am ateb i, "Show us ur tits."
   Cenhedlaeth yfory, nhw yw'r hadau
   sy'n ceisio tyfu cyn arholiadau.

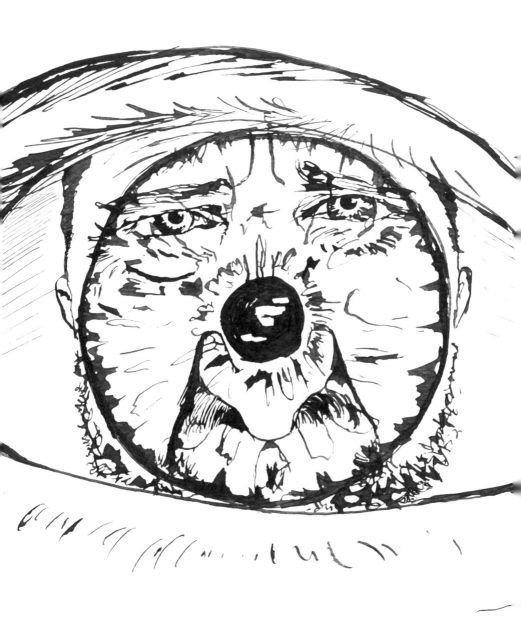

Ynddi hi/ynof fi

Pan dwi
ynddi hi,
dwi'n gweld hi
yn edrych arna i,
ond ynddi hi
dwi'n
gweld hi'n
gweld fi'n
edrych
arni hi,
a dwi'n methu
helpu ond meddwl
beth mae hi'n ei weld
ynof fi?

Ma' gormod o ocsigen yn cyrydu dur
ar ôl penderfyniad TATA i gau gwaith dur Port Talbot

Ers degawdau
daw cwynion am y gorwel diwydiannol hwn,
ei fod yn difetha'r tirlun – y tir a'r môr
gyda'i dyrau o ddystopia myglyd.
Ond nawr daw machlud i dai bach Aberafan,
heb obaith gorwel newydd,
dim ond tywyllwch a thawelwch ddiwedd dydd
heb ffrwd y mwg o'r tân
sy'n llosgi fel dicter y durweithwyr.
Dyfal donc a dyr eu dyfodol.

Ond tonc ddaw heb hoelen wyth,
heb fframwaith i gryfhau'r sylfaen,
wedi ei adeiladu ar addewid
mor wan â choncrit
uwch ben pennau plant ysgol.

Dros £500,000,000 o fuddsoddiad
i fagu gobaith mewn newid newydd,
i'r genhedlaeth werdd
gan Lywodraeth las
mewn ardal goch
sydd wedi bod yn gweiddi'n groch
am gymorth ers talwm,
i godi'r ffôn i drafod;
ond ma' gormod yn y fantol
i greu'r ddelwedd o achub

mewn byd o ddiystyru
bywydau bob dydd gweithwyr
tref ar arfordir y wlad fach drws nesaf.
Ond yn chwim, ar ôl gwneud dim
ond dadle mewn awyrgylch iasoer,
toddwyd yr elfen o gydweithio
drwy ofannu pêl-droed gwleidyddol
yn y ffwrnais leol.
Doedd dim sbarc yn mhwerau'r Senedd
a chnoi cil fu San Steffan
wrth i bedwar mil
barhau i greu deunydd caled
i farchnad feddal y Cyfandir
heb deyrngarwch bellach
i dyrrau diwydiant dur de Cymru.
Felly dyma'r cwymp
ar ôl blynydde o'r busnes brwnt,
yn creu cynnyrch
adeiladu â pheirianneg pwysica'r byd –
99% haearn, 1% carbon.

Cymysgedd o'r ddau briodwedd
sy'n dra gwahanol, ar wahân,
ond yn gryfach wrth ddod at ei gilydd.
Bron 100% yn gryfach
nag unrhyw elfen arall yn y byd –

ond gall gormod o ocsigen gyrydu,
ac ym Mhrydain,
lle mae canrannau yn cyfri,
fe wnaeth 52% mwy o ddifrod
i ddyfodol dur
nag unrhyw rwd i ingot –
gwleidyddion yn esgus becso dam
am bobol Port Talbot,
yn chwarae gemau yn lle trafod masnach,
a dyna fywoliaeth y dref
yn diflannu mewn fflach.

Cysur y curiad cyson

Y curiad cyson,
sy'n cymryd amser,
yn ymyrryd â'r rhythm.

Nid emyn yw hwn.
Mae 'na fwrlwm.

Curiad i ddatod cwlwm,
curiad cwlwm ar groen
wedi tynnu'n dynn,
wedi clymu.

Curiad gyda ffyn.

Y grym.

Y dyrnau tyn, gwyn –
un, dau, tri,
un, dau, tri,
i leddfu'r
canu yn fy nghlustiau.

Gyda'm llygaid 'di cau
ga i dameidiau
o boen
i hoelio'r morthwl metronomig,

i beidio meddwl mwy
am bwy
sy'n gyrru
trawiadau bach
y bywyd dyddiol
ymlaen
ac ymlaen
       ac ymlaen.

Yna, ga i deimlo gwahaniaeth
i'r hyn sy'n cydio
pan mae'r tempo'n cynyddu.

Ond dwi'm am lonyddu,
nid dyna'r pwynt,
mae teimlo'r tap-tap-tap clou,
am dipyn,
yn haws na hoe,
yn well na chysuro,
achos
dwi'm eisiau cilio.

Dwi'n gaeth
i'r rhythm rheibus
ar dalcen –
fy nghuriad cyson.

Yr Wyddfa

Ai'r awydd i hala hunlun
yw prif nod crwydrwyr tiwrists?
Ond gwêl, wrth gyrraedd copa,
y rhes yn cymryd *dick pics*.

2020 tu ôl ni

Dros y Cyfnod Clo ges i go ar bob math o sgiliau,
fel sut i gau drws ar fy mhlant
tra'n byw trwy Zoom ar *Pnawn Da*,
yn llenwi'r twll yn y *schedule* lle
bysen nhw wedi cal clonc 'da Gerallt Pennant
yn crwydro – ond o'dd hwnna'n *no-go*
felly cafodd gwylwyr gipolwg ar foi o Dreorci
yn sôn am sut mae golchi dwylo i "Pen-blwydd Hapus"
ac yn clapio yn barchus i'r NHS.

'Chos tra o'n i'n *lockdown* roedd pethau'n od,
dim Urdd, dim Tafwyl, dim Steddfod.
Ro'dd y Clo Mawr yn pydru fy nyddiau'n frwnt fel y llestri,
watsies i 'nheulu a'm ffrindiau trwy amryw o ffenestri
sash a Zoom a Teams – ar sgrin Apple Mac
tra bo' fi'n craveio *tequilla* shots, peint o Guinness a Big
    Mac!

Sut mae goroesi bod sha thre
gyda'r teulu mewn tŷ teras – sdim lot o le!
'chos so "gweithio o adre" yn gweithio o adre
os ych chi'n gweithio o adre yn barod,
a so chi adre yn "gweithio",
chi adre yn *gweithio* –
er, pam bo' gweithio o adre mor anodd?

Rhoes i'r gorau i'r *news*
'chos o'dd popeth rhy *bleak*.
O'n i ffili watsio *Tiger King*, ond 'nes i grio
yn gwylio *Schitts Creek* –
watsio *Chicago Bulls*, pob *New Girl*
a *Hamilton* (saith gwaith)
a 'mond gadael y tŷ i nôl bara a llaeth,
    a phan dwi'n dweud bara, dwi'n rîli golygu gwin
    (a phan dwi'n dweud llaeth, dwi hefyd yn golygu gwin).
'chos o'dd alcohol yn *essential* i fy iechyd meddwl
tra'n teimlo fel penbwl yn fy mwbwl,
ein swigen:
2 deulu, 1 person, 3 gerbil, 2 dŷ, 1 ci.

Sdim byd yn newid,
ond rhaid sgrolio Twitter yn aml achos ma' *popeth* yn newid!

O ddoe i heddi,
er bo' heddi'n fyth bythol,
achos does dim yfory
tra bo'r dyddiau'n cau mewn
a chymaint yn torri'r rheolau –
a sdim golau ar ddiwedd y twnnel,
sdim pwrpas i ddim byd,
ma'r mwgwd llym yn gwasgu fy llwnc
a dwi 'di trafod pob pwnc dan haul gyda 'ngwraig.

Ond ma' rhaid i mi ddianc,
dwi'n ffeindio fy hunan yn mynnu mynd am dro
neu 'na i grio neu frifo fy hunan neu ffrwydro ...

... dwi'n mwydro.

Fydda i'n cal blips bach tywyll bob hyn a hyn,
ond maen nhw'n pasio,
a dwi'n callio.

Daw eto haul ar fryn,
a dwi'n siŵr gyda'r *vaccine* fe ddaw trefn 'nôl i'r byd.
Fe ddown ni 'nôl i'r normal newydd,
a Facebook *memory* fydd e i gyd.

Sut mae mesur cariad?

Sut mae mesur cariad?
Ma' 'ngwraig yn 5"1 –
ai dyna faint fy nghariad?
Ond dwi'n 6"1,
felly, ydy fy nghariad droedfedd yn fwy?
Hynny yw, ai maint y carwr
neu'r un sy'n derbyn y cariad
yw'r ffordd o fesur?

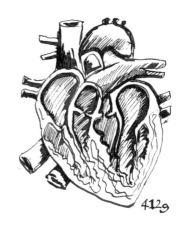

Beth am y nifer?
Ydy fy nghariad fel darnau pizza,
darn i 'mhartner, i 'mhlant (fesul un), teulu, ffrindiau?
Ydw i'n cael caru 8 neu 16 person
cyn i friwsion fy nghalon gael eu brwsio dan y bwrdd?

Neu ai maint y galon yw e?
Mae calon yn pwyso rhwng 236 a 412 gram,
llai na bag o siwgwr –
ond organ yw'r galon,
yn llenwi ac yn gwagio â gwaed,
yn chwyddo a chyfyngu
gyda phob curiad.
Dyma'r rheswm taw'r galon
yw symbol cariad –
mae'r curiadau'n cyflymu
pan 'dan ni'n caru.

Ond y gwir yw,
yr ymennydd sy'n caru,
yr *amygdala* yn benodol,
hwn sy'n deall y cysylltiadau
ac yn hala'r niwrons sy'n ffrwydro
pan mae potensial *beau* yn dweud helô,
neu pan ma'ch babi newydd yn cydio yn eich bys bach
neu'n dysgu dweud 'dada' neu 'mama' –
ond ma' niwron yn pwyso prin dim.

A nace galar sy'n pwyso ar berson?
"Y golled drom",
"pwysau'r byd ar eu sgwyddau?"
Neu'r gwrthwyneb, 'te –
ysgafnder perffaith cariad cyntaf?
Dwi'n cofio'r foment sylwes i
'mod i wedi cwympo mewn cariad,
fy mol yn llenwi â haid o bilipalas.
'Nes i'm cerdded o'i thŷ
ond fflôtio fel pluen ar y gwynt
gyda gwên ar fy wyneb –
y teimlad newydd yma gariodd fi adre.

Ond nad yw'r bol sy'n llawn cariad
yn pwyso'r un peth â bol llawn colled?

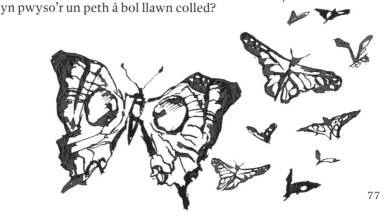

Y pwysau'n dychwelyd
wrth dreulio amser ar wahân?
Y llenwi a'r gwagio,
y pwyso a'r mesur –
ai argau yw cariad?
Litrau a galwyni o deimlad
yn ffrydio ...
hmmm,
falle taw serch yw hynny.

'Dan ni'n cwympo mewn cariad,
ond beth am y gofod?
Does dim disgyrchiant yn y gofod –
pellter?
"'Na i dy ddilyn i ben draw'r byd."
"Dwi'n dy garu di'r holl ffordd i'r sêr."
Felly, a'i gofodwyr sy'n caru mwyaf?
Dwi'n dy garu di *o'r* sêr?
Er, fe wnaeth Neil Armstrong ysgaru ei wraig Janet
ar ôl dychwelyd o'r lleuad.
Felly, nid pellter sy'n cadw cariad,
ond yr agosatrwydd?

Sut mae mesur cariad?
Llwyaid, llymaid, bwced, bath –
caredigrwydd?
Pa mor rhwydd mae sgwrs yn llifo?
Pa mor bwerus mae'r argau'n ffrydio?
Faint mae torcalon yn brifo

a sut mae'r fron yn chwyddo
mewn cariadon newydd?
Neu mewn hen ffrindiau,
neu jyst dau,
dwy law
yn cyffwrdd yn ysgafn,
yn mwytho boch
neu'n wafio
dros amser.

Gyda'n gilydd neu beidio,
does dim angen *mesur* cariad,
dim ond ei deimlo.

Hebddo ti

i Becky

'Dan ni'n gytûn
er bo' ni'n dadle,
un yn llenwi
lle fu gwagle'r llall.
'Dan ni'n deall ein cymhlethdod
a 'di dod i nabod
y geiriau sdim angen eu dweud,
y gweithredu sdim angen gwneud.
'Dan ni'n gweld y gorau
o'r gwaethaf yn ein gilydd –
sut mae un angen y llall
nid fel
sut mae bara angen menyn
ond fel
sut mae blodau angen gwenyn –
sut mae wedyn angen nawr,
sut mae'r machlud angen y wawr.
'Sen ni'n
ddiweddglo heb ddechreuad,
yn llanw heb y lleuad,
a dwi'n gwbod
'swn i'n gysgod
heb yr haul,
hebddo ti.

Collnod

Ac yn wyn ei byd
yn ei chrud
daeth y ffydd yn ôl
i ni'n dau.

Llenwi gwagle
â gwên
yn lle gwagio 'mhoced
llawn papur rhacs,
o blu bach gwyn,
nid eto'n gorff
ond yn atgof
yng ngwynt ein gorffennol.

Nodyn bach
llawysgrifen
sgwennes i
i nodi'r neges,
i mi ei weld yn glir
mewn du a gwyn,
yn sydyn,
un
nad yw yma nawr
a o'dd yno gynt.

Wrth i'r gloch
ganu i ddenu
ein hynaf adref o'r ysgol,

â geiriau gloyw
am weld y byd
trwy ei llygaid hi.
Yn chwarae
doli glwt mewn tŷ bach twt.
Yn darllen,
dilyn geiriau gyda'i bysedd bach brwdfrydig
ac yn dysgu sgwennu
am beth wnaeth hi dros y gwyliau.

Cofiaf am yr un lleiaf.
Ein hatgof
heb gyfarfod,
ond gorfod ffarwelio
ag enaid
heb enw,
heb eiriau
i gerfio ar fedd bach,
dim ond collnod
rhwng ein dwy
a rhyngom ni'n dau.

Happy Place

Cartref cyntaf
yn gartref cyntaf,
bwthyn bach wedi ei brynu
gan geir mwy ar lonydd cul
ymhell o'u côd post –
adnewyddu stryd gyfarwydd
a chreu cell fach ddrud.

Lle bu cymuned o ddyfynodau
daw atalnod llawn ar y magu,
ac yn lle maen nhw'n tagu
ar Airbnb heb olch ar y lein,
'mond sglein ar ffenestri UPVC,
bygythiad CCTV
a llenni heb glecs i gario.

Ond tra bo Môn a Môr o'u deutu
a bo llif y llanw yn lles,
mae mwy a mwy yn mynnu
eu "happy place".

Nid yw arwydd pren yn ddelw,
ac nid yw dysgu hanes enw
yn ddigon i ddeall cam –
na pham bo' prisau tai yn ffynnu
digon i gynnu fflam o dan hen berth.

Pwy fydd yn teimlo'r gost
pan fydd cymunedau'n hollti fel llechi,
a phan mai dyfal donc a dyr y garreg –
ai *gwerth* sy'n cael ei golli?

Erbyn hyn mae perygl
bo'r hances wen 'di chwifio,
uwch ben nifer i harbwr diogel,
a phalu pydew o bentrefi gwag
tu hwnt i fisoedd yr haf,
trwy sêr disglair Trip Adviser
sy'n denu digon
i wagio silffoedd siopau lleol.

Er nid y cynnyrch sy'n brin
ond y cymdogion,
a'u hoelion traed 'di'w gadael ar draeth
lle caiff cenhedlaeth ei olchi'n lân
gan lanw gydag enw newydd,
wedi eu disodli gan rai sydd â digon
i ddileu y lleolion
gan adael adfeilion
am 'bach o incwm ychwanegol.

Tra bo cloch yr anochel
yn mochel mewn hen ysgol
sy'n cael ei hadnewyddu,

(gan mai nifer y *jetskis*,
nid y gwersi, sy'n cynyddu)
caiff y baich ei rannu
wrth i bobol beri gofid
am ddyfodol ein pentrefi
sy'n diflannu,
trwy brynu a gwerthu
un, dau, tri tŷ bach twt
cefn gwlad Cymru.

Ac heb deimlad o frad nac eironi,
un ar ôl y llall yn gwyngalchu
ac yn hongian trosiadau ar eu trothwy
ger clogwyn serth
gyda golygfa'r machlud
yn gwaedu dros y gorwel.

Cofiwch, cawsom wlad i'w chadw,
(tan ddaw cynnig gwell).
Dyna yw aberth yr arwydd "Ar Werth."

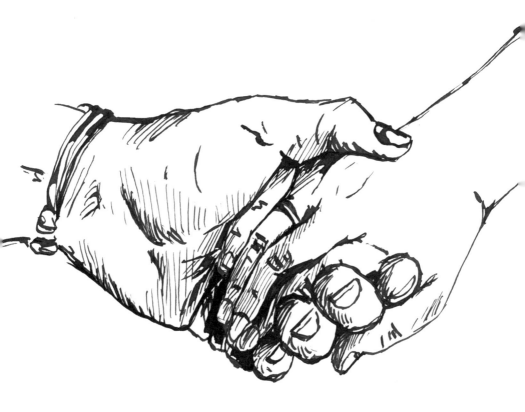

Cymer ofal

"Cymer ofal," medda hi
wrth i ni adael.
Gofalu am golled?
Ac er mae'n un sy'n cael ei rhannu,
does dim deall ei cholled hi.
Bol sydd nawr yn fedd,
enaid sydd nawr yn sylwedd.

Coron-a gaeth

Ar ôl 2020

Fel Dolig, ar ein teledu ddaeth
yn rhan annatod o'i gohebiaeth,
a'i mwgwd o wleidyddiaeth
a phantomeim ei harweinyddiaeth,
ei thosturi yn disgleirio fel ei gemwaith,
wedi ei anelu aton ni yn uniaith
i aros adref, gwahardd unrhyw daith.
Gan gyfri'r cefn gwlad a'i dwristiaeth –
er wela i'm unrhyw fath o reolaeth
gan mai o tu draw i Glawdd Offa y daw'r orymdaith,
ond mae'n wahanol i'r rheini â pherchnogaeth
tŷ haf – neu ddau neu saith.
Ac i'w hail gartref yn yr Alban aeth
ei chyntaf-enedig yn Govid-gaeth.
Ni wrandawodd ei Phi-Em chwaith
yn ishte lan dan wyliadwraeth
doctoriaid, nyrsys a'u meddyginiaeth,
ac yna'n syth i Chequers cyn mynd 'nôl i'w waith
o ddyfalbarhau 'da'i gamddealltwriaeth,
heb unrhyw awgrym o wyddoniaeth
i imiwneiddio y boblogaeth,
er bo' gwledydd Ewrop yn dystiolaeth,
fe ymlusgodd tua'r ymgynghoriaeth,
am fod Brexit yn flaenoriaeth –
pasborts glas ein hiachawdwriaeth,

tra bo' hen ddyn yn ysbrydoliaeth
rownd ei ardd fach yn crwydro ymaith
gan godi miliynau i'r gwasanaeth,
ond dylai codi trethi, nid ymwybyddiaeth,
dalu digon am ddarpariaeth
y PPE a'r beiriannaeth
a mwy o brofion cydnabyddiaeth
tra bo' hithau yn ei phalas o faeth,
ei hurddas a'i geiriau'n rhagrith ffraeth
i gadw ffydd, cadw'n gryf – a phwyll piau hi.
Heb hint o eironi chwaith.
Hon yw'r rheswm gorau 'rioed dros Annibyniaeth.

Nawr dwi'n deall llofruddiaeth

"'Nei di'm wir ddeall cariad
nes dal dy blentyn ar dy fron,"
meddai ffrind,
ac o'dd, roedd hynny'n wir,
o'n i'n deall yn syth.
Ond tyfodd teimlad mwy amwys
a nawr y peth mwya dwys dwi 'di dysgu yw'r ffaith
bo' gen i'r fath gapasiti am lofruddiaeth ...

Nid mewn gwirionedd, yn amlwg,
ond mae pwt bach o ffws
yn cwrso hunllefau i glymu fy mol
a mynnu scenarios i'n *schedule* dyddiol.
Dwi'n gorfeddwl y brwydro
i'w hachub o ryw berygl
a phob dydd dwi'n euog
o wneud rhywbeth *terrible*
yn fy isymwybod.

"Ti'n neud e 'to," mae 'ngwraig yn mynnu.
Sa i'n sylwi bo' fi'n neud e ond mae'n gweld y *signs*,
'mod i'n ymladd y gangs a'u taflu i'r brain,
neu'n saethu'r boi diarth sy'n dilyn yr hyna',
"shgwl pa mor wyn yw dy ddyrnau,
mae dy ên yn dynn, a'r *vein* yn dy dalcen
yn pwmpio'n ddi-stop – a ti'n wyn fel y galchen.
Chill out, mun. Ma' nhw'n iawn."
Ond wela i bod y byd yn ddanjerus,
a sa i'n hapus tan ma' nhw 'nôl
am gwtch ar fy nghôl.

Yn y blynydde cynnar, 'sen i'n ishte yn gwgu,
yn dyfalbarhau i ddilyn rhyw fwgi-bo
ddaw o gysgod fy nychymyg
i frifo fy mhlant, neu'n waeth, i'w dwgyd!

Dwi'n meddwl weithie am eu micro-tsipio
'da rhyw ap i mi gael pipio i mewn
bob hyn a hyn, ddim yn gydol-oesol,
achos dwi wedi pendroni am y conyndrym moesol,
ond sut arall yn ddanjerus stopio'r *arsehole*
sy'n dilyn nhw rownd 'da *cloroform*
â transit 'di parcio lawr y ffordd?

Heb CCTV yn gwylio'r stesion
a sneb 'di nodi'r *registration*
nac i ba gyfeiriad yrrodd y fan,
a dyna ni...
fy mhlant 'di mynd am byth.
Madeleine McCanned.

Ond nawr maen nhw'n hŷn, yn bump ac yn flwydd oed,
ac mae'r hunllefau 'di lleddfu
ac heddi, sa i'n poeni hanner cymaint
achos *nhw* yw'r rhai sy'n helpu *fi*
i ddangos so'r byd yn fwystfilod i gyd.
Ma'r peryglon yn naturiol, yn rhan annatod
o lywio taith fywyd, o dderbyn
alla i'm eu gwarchod nhw am byth
na chael fy meio am fod yn ffug-lofrudd.

"It's not ok"

ar ôl Tudur Owen ar BBC Wales Live

Ac ar ôl gyrru a pharcio
maen nhw'n rhwymo ein cytseiniaid
rownd eu polion crwydro
ac yn datod ein llafariaid ar hyd ein llwybrau
wrth lwyddo
i frolio am grwydro
"Newborough Beach"
ac edmygu
"Australia Lake".
I droi ein ffordd o gyhoeddi
yn ffordd gyhoeddus,
heb dyllau i dafod estron faglu
dros ein bro,
yn lle creu camau llai
daw croes ar fap
a thrwy arwyddion
i osgoi ein ffynonellau,
nid damwain a hap
yw dirdroi ein hanes
i mewn i amlinelliad siâp –
gair syml,
geiriau sifil,
i anwybyddu'r chwedlau,
anwybyddu'r darnau pwysig
sy'n sicrhau'r canrifoedd,
y geiriau o'r gwaed
yn yr olion traed –
maen nhw'n mynnu dilyn

ledled ein gwlad.
Y benbleth od
am sgrifen
ddwyieithog,
yr ochenaid amlwg
am ein sgwrsio,
wrth geisio croesi trafodaeth
fel camfa letchwith
dros leisio barn
a disgwyl i dafodau cymdogion a thrigolion
wywo
ger stepen drws hen dafarn
(yr un hen dafarn!)
sy'n croesawu
trwy gydnewid sgwrs,
fel cau drws dychmygol
cyn iddynt dynnu eu cot,
agor pwrs
neu gymryd cipolwg ar y *menu*,
ond mae'r digwyddiad yn ddigon brawychus
i ollwng Trip Adviser *review*.

One star.
They all turned to speaking ...
iaith wahanol
i'w un nhw.

X sy'n marcio'r man lle fu'r trydar yn dirgrynu'r tir

i Twitter Cymraeg

Daw'r bodiau i'r gad
i gynnu tân ar edefyn
a hel yr adar o'u nythod
drwy gynnig cant pedwar deg o gymeriadau
ar garlam i Glawdd Offa.

Ein harf ar hyd yr arfordir,
i herio'r anwariaid ar-lein
gyda'i *ap-avatars* anweledig,
yn ddig ac yn ddigidol,
yn ffyrnig ar y 5G,
y wariars Wi-Fi,
yn bwydo ar y negyddol,
yn brwydro'n fygythiadau –
hawl cenhedlaeth i adael ei hôl
ar y we,
ei bara menyn
yn ein cawl cenedlaethol.

Mae'r drwg yn y caws
ond mae'r gwenwyn yn y naws
sy'n ei wneud yn haws
i dagu'r iaith 'da hen jôc
sy'n profocio
ac yn cropian 'nôl i mewn
i'r "drafodaeth" am iaith,
gyda barn *monoglot* fel cymhariaeth deg,

ond heb ffaith gadarn
dim ond "balanced views",
fake news
mewn ffont du
ac inc coch
mewn llyfrau gleision.

Ond dyma'r briwsion
mae'r Cymry'n eu casglu
i fwydo'r gwcw sy'n nythu
mewn plwyf heb ffiniau,
lle mae'r *followers* yn ffrindiau
sy'n peintio'r ffyrdd yn wyrdd,
Urdd Online Cymru,
yn pwyntio'r ffordd hir
ymlaen!
Lle bu'r trydar yn dirgrynu'r tir –
nawr yr X sy'n marcio'r man
lle ddaw'r ddadl i golli'r cyfan.

Trysor plant llawr gwlad

Cododd y tarth o Gwm Saerbren
gan wlychu bodiau
gwlithfreuddwydion y bore
wrth i olau cynta'r wawr honni
mai dwrnod braf fydd hi.

Gan daro golwg ar gymylau'r gorllewin,
a brefu distaw eu pererindod
i ben draw'r cwm,
bugeiliaf fy mhlant, sy'n llusgo'u traed
fel eiddew rownd y dderwen,
ar gychwyn llwybr hir eu cwynion.

Gobaith y crwydro
yw eu trochi yn y tymhorau,
i adrodd be ddysges i'n blentyn,
y wers lythrennol lawr gwlad,
arbenigrwydd ar lafar,
i gydnabod y coed
drwy ddamcaniaeth y dail,
gwybodaeth lliwiau'r blodau
a chwilota gyda'n ffroenau
i ffeindio ffrwyth ein hetifeddiaeth.
Tynged y goedwig yw i gofio,
tynged ni yw i gofio'r goedwig.

Dwi'n pwyntio,
ceisio'u hel at yr hwn a'r llall,
yn mynnu sylw
at fadarch Torth y Tylwyth Teg
yng nghysgod y pinwydd
ar droed Craig y Ddelw,
y bwncath yn cylchu Cwâr yr Offeiriaid,
sgrech y gigfran yng Nghwm Selsig
yn atsain dros fwrlwm trwm Nant Berw Wion.

Ond so enwau difyr yn ddigon,
nid hyd yn oed cynffon twrci'n dringo
i fyny boncyff mwsoglyd y ffawydden,
a diferion yn pefrio ar eu patrymau
gwg gwlyb sy'n dal ar wyneb y ddwy,
nes i'r olygfa ar gwymp y tyle
ddynodi diwedd natur
trwy ddangos sglein llithren wlyb
parc Blaen-cwm yn y pellter.

"O, WAW!" medda'r hynaf
â'i phen yn y gwrych –
rhywbeth o'r diwedd wedi denu ei diddordeb!
Brysiaf draw yn dad balch
ac yn barod
i ddadansoddi ei darganfyddiad.

"Edrych, Dad, un coch a gwyn!" medda'r hynaf yn llawn
   brwdfrydedd.
Amanita'r Gwybedyn, *Fly Agaric*, Madarch Mario?
"Ac un glas a gwyn!"
Pengrwn Glas? Yn fan hyn? Amser yma'r flwyddyn?
Am ddechreuad i'w haddysg chwilota.

Ond yn y gwair glwyb
gwelaf ddwy botel blastig.
"PRIME!" medda'r fenga,
ei llygaid yn disgleirio wrth godi ei thlws.
Dryswch yw fy unig ymateb,
fel y merched yn syllu ar eu tad yn mwydro am fadarch
yn bell o unrhyw barc.
"Off YouTube, Dad!"
"Ma' Logan Paul a KSI yn dweud bod y poteli yma'n rili
   anghyffredin!"

Sbwriel rhai yw trysor i eraill.

Geirfa Wenhwyseg/tafodieithol

Bechen
Bachan / bachgen ond mewn acen Wenhwyseg.

Danjerus
Peryglus. "Dangerous" ond mewn acen Wenhwyseg.

Sha thre
Adref ond yn fwy penodol, y daith adref e.e., ni'n mynd sha thre.

Wmwlch
Golchi, ymolchi

Tyle
Bryn bach

Bopa
Modryb sydd ddim yn aelod o'r teulu ond sydd weithiau'n agosach na theulu go iawn.

Cydnabyddiaethau

'Collnod', *Dweud y Drefn pan nad oes Trefn: Blodeugerdd 2020*, gol. Grug Muse & Iestyn Tyne (Cyhoeddiadau'r Stamp, 2020).

'Coron-a Gaeth', Bragdy'r Beirdd Rhithiol, Gorffennaf 2020.

'Ffrwyth y ffal-di-ral-di-rei', Rhaglen *Cofio*, BBC Radio Cymru (Ionawr, 2024).

'Happy Place', *Ffosfforws 2* (Cyhoeddiadau'r Stamp, 2022).

'Hebddo ti', *Ffosfforws 1* (Cyhoeddiadau'r Stamp, 2021).

'IoNawr IoNewydd', *Rhaglen Aled Hughes*, BBC Radio Cymru (Ionawr, 2024).

'Mae gormod o ocsigen yn cyrydu dur', *Rhaglen Dros Ginio*, BBC Radio Cymru (Ionawr, 2024).

'Mae gwên yn gwerthu llai na dagrau', *Rhaglen Dei Tomos*, BBC Radio Cymru (Ionawr, 2024).

'Nawr dwi'n deall llofruddiaeth', *Dad: Cerddi gan dadau, cerddi am dadau*, gol. Rhys Iorwerth (Cyhoeddiadau Barddas, 2022).

'Noddfa', *Y Stamp*, rhifyn 6 (Cyhoeddiadau'r Stamp, 2018).

'*NO DANCE MUSIC IN THE MAIN HALL*', *Rhaglen Rhys Mwyn*, BBC Radio Cymru (Chwefror, 2022).

'#Penpych #Rhondda', *Rhaglen Aled Hughes*, BBC Radio Cymru (Chwefror, 2022).

'Rhyfel Cartref', *Y Stamp*, rhifyn 6 (Cyhoeddiadau'r Stamp, 2018).

'Sut mae mesur cariad?', *Rhaglen Caryl Parry-Jones*, BBC Radio Cymru (Ionawr, 2024).

'Trysor plant llawr gwlad', *Galwad Cynnar*, BBC Radio Cymru (Ionawr, 2024).

'2020 tu ôl ni', Stomp Rhithiol, Rhagfyr 2020.

Diolchiadau

Mae nifer o bobol yn haeddu diolch am helpu i droi'r cerddi yma – y rhai a sgribles yn fy Moleskine ar y trên, ar *serviette* mewn caffi neu a fodies ar nodiadau fy ffôn – i mewn i'r gyfrol yma.

Gan ddechrau o'r dechrau, diolch i bawb a oedd ynghlwm â phapur bro *Y Gloran* – o'r dyddiau cynnar pan roedd Mam a Mam-gu yn annog i mi hala rhywbeth i mewn i "gornel plant Mr Lewis" ar gefn bob papur hyd at ddyddiau Cennard Davies. Roedd ganddo ddawn ysblennydd o orffen yr hanner llinell baswn i'n ceisio cofio gyda'r gerdd gyfan mewn acen bur a phrydferth y Rhondda. Falle bo'r cwm yma'n "gulach na cham ceiliog" ond mae Cennard yn canu ei chlod o ben mynydd Cefn y Rhondda a dwi'n gobeithio y bydda innau'n gallu gwneud hanner cystal ag e ryw ddydd.

Mae'n rhaid i mi ddiolch yn fawr i griw *Y Stamp* sef Grug, Iestyn, Llŷr ac Esyllt (a Miriam gynt) am eu cefnogaeth a'u brwdfrydedd di-duedd i gyhoeddi gwaith newydd yn aml. Hebddyn nhw byse fy ngherddi dal yng nghwtch dan stâr anhysbys fy iCloud. Roedd lansiad rhifyn 6 cylchgrawn *Y Stamp* yn High Street Social, Treorci (ar noson ffiaidd o arw) yn noson bwysig i mi. Ysgogodd awydd ynof i gyhoeddi fy ngwaith yn y Gymraeg a bydda i'n ddiolchgar am byth am gael bod yn rhan o'r siwrne aruthrol mae *Y Stamp* yn ei harwain. Maent yn cyhoeddi cynnwys gwreiddiol, cyfoes a phwysig yn nhirlun llenyddiaeth Cymru.

Mae angen i mi ddiolch i'r cewri o feirdd a sgwenwyr sydd wedi fy helpu i ddatblygu dros y blynyddoedd. I ddechrau,

Menna Elfyn, a oedd yn diwtor caredig a chraff 'nôl yng
Ngholeg y Drindod; ac er mai dim ond yn y Saesneg roedd
fy ngherddi ar y pryd, Menna oedd y bardd Cymraeg cyntaf
i mi adnabod a oedd yn barddoni yn rhyngwladol. Byddai
hi'n dod 'nôl o ddarllen ei cherddi i filoedd o bobol yn
Ne America i farcio fy sonedau. Diolch i Richard Lewis
o Parthian a wnaeth, efallai trwy ddamwain a hap, ddechrau
fy nhaith at gyhoeddi yn Gymraeg drwy'r daith lythrennol i
India gyda Gary Raymond, Natalie Ann Holborow a Sophie
McKeand lle sgwennes i'r gerdd, 'Mae'r Wlad 'ma yn eiddo
i ti a mi'. Dwi'n credu, er yr eironi, mai fy nghyhoeddwr
Saeseneg a wnaeth helpu i greu'r trobwynt yn fy newis i
sgwennu mwy yn Gymraeg. Diolch hefyd i Mike Jenkins am
ei frwdfrydedd wrth ofyn i mi ddarllen a chyhoeddi gyda'r
Beirdd Coch yn flynyddol ar amrywiaeth o brosiectau a
chyhoeddiadau sosialaidd mae'n gweithio'n galed i lansio i'r
byd o Ferthyr Tydfil. Yn olaf, fy nhîm Talwrn, Aberhafren,
am helpu i mi fwynhau'r cyfarfodydd golygyddol fel y rhai
roeddwn i'n eu caru yn y coleg. Mae'r manylder craff wrth i
ni olygu cerddi ein gornestau wedi helpu i mi feithrin yr un
feddylfryd tra'n golygu'r gyfrol yma.

Er fy mod i'n berson ling-di-long (ac yn hwyr fyth-fythol)
dwi wedi darganfod 'mod i'n gweithio'n dda i *deadlines*
achos cafodd nifer o'r cerddi yma eu sgwennu yn ystod y
ddau gyfnod y bues i'n Fardd y Mis, BBC Radio Cymru.
Diolch yn fawr i Jo Heyde, a ofynnodd yn y lle cyntaf,
ond hefyd am ei geiriau caredig a'i hailldrydaru ffyddiog a
wnaeth helpu i mi dderbyn cefnogaeth i sgwennu mwy ar ôl
postio'r clipiau ar Twitter ac Instagram.

O'r cyfarfod cyntaf, dwi'n cofio dweud wrth fy ngwraig
bod fy ngolygydd Barddas, Beth Celyn, "jyst yn *deall* fi a be

dwi'n trio'i ddeud". Mae ei brwdfrydedd, ei deallusrwydd a'i chlod (er 'mod i ddim yn dda iawn yn ei dderbyn) wedi helpu i drawsnewid casgliad o ddogfennau yn fy Nropbox i'r gyfrol ry'ch chi'n ei dal yn eich dwylo. Hefyd, diolch i Dafydd Owain a wnaeth (rywsut) ddeifio i mewn i 'mhen a gweld yn union sut roeddwn i'n dymuno i'r gyfrol edrych. Mi aeth Dafydd gam ymhellach a chreu cyfrol brydferth trwy ddylunio a chysodi fy narluniau pìn ac inc blêr (a gwlyb) i mewn i'r lluniau a welwch chi sy'n bartneriaid gweledol i 'ngherddi.

Diolch i'm ffrindiau, i bob byti (fel teitl fy ngherdd) a diolch yn enwedig i "pocket milkers" y goedwig, Gethin a Beth, a oedd wastad yn fodlon darllen fy ngherddi Cymraeg ac ymateb yn onest. Diolch hefyd i fois "Y Winberry" am y nosweithiau rownd y tân yng Nglyncolli.

Mam a Dad, diolch am y fagwraeth greadigol ac am y gefnogaeth fyth-fythol ac i Dan am yr hyder ychwanegol ac angerddol bob tro – ac am fod ar glawr llyfr arall heb wybod!

Yn olaf (ond yn olaf wrth restru yn unig) fy ngwraig sydd yn graig i mi ers i ni gwrdd yn ein harddegau. Er nad yw hi'n deall pob cerdd ar lafar, mae hi'n eu gweld nhw yn ei chalon ac yn hollol onest gyda fi am fy ngwaith creadigol. Diolch i'm plant am ysbrydoli nifer o'r cerddi yma. Mali, am wneud i mi chwerthin a gweld y lliw yn y byd. Eira, am y llinellau 'nes i godi o'i cheg a'u teipio i mewn i fy ffôn i gofio; ac nid yn unig am ddewis teitl y gyfrol wrth y bwrdd cinio un pnawn Sul, ond am fod mor awyddus i helpu gyda'r darluniau a chynnig awgrymiadau a chyngor arnynt.

Caru chi.

Cyhoeddiadau
barddas